sternenkind

Abschied mit Liebe

Alicia Ahrens

Sternenkind

Abschied mit Liebe

Eine Reise zu den Sternen

und eine Reise

durch den Schmerz

Die Deutsche Nationalbibliothek verzeichnet diese Publikation in der Deutschen Nationalbibliografie; detaillierte bibliografische Daten sind im Internet über dnb.dnb.de abrufbar.

Herstellung und Verlag:
BoD – Books on Demand, Norderstedt

ISBN: 978-3-7578-9026-1

Für mein Kind, das zu den Sternen flog.

Und für all die Menschen auf der Welt,
die noch auf ihrer Reise durch den Schmerz sind.

Inhaltsverzeichnis

Inhaltsverzeichnis

Inhaltsverzeichnis

Inhaltsverzeichnis

vorwort

Ich habe dieses Buch geschrieben, um meinen eigenen Schmerz zu verarbeiten. Um Worte für Momente zu finden, in denen es die richtigen Worte nicht zu geben scheint.

Am 1. März 2023 haben wir unser ungeborenes Kind verloren. Noch nie war ich so verzweifelt. Noch nie habe ich mich so allein und so hilflos gefühlt.

Ich bin Rednerin aus Leidenschaft und Berufung. Und als mir selbst die Worte fehlten und ich fast an meinem Schmerz zerbrach, schwor ich mir, etwas Positives aus unserem Schicksalsschlag zu schaffen.

Wenn ich nur einem Menschen das Gefühl schenken kann, dass er nicht allein ist, haben sich meine Kraft und mein Mut gelohnt, meine eigene Geschichte so offen mit Euch zu teilen.

Ich habe viele Texte aus meiner ganz persönlichen Perspektive geschrieben. Manche Zeilen offenbaren sehr offen, was ich selbst erfahren habe. Andere Schicksale habe ich nicht selbst erlebt, sondern Texte für jene geschrieben, die vielleicht ganz andere Verluste erleiden müssen.

Sollte es Dir nicht gut tun weiterzulesen, lege das Buch zur Seite. Meine Texte sollen Deinen Schmerz nicht verstärken, sondern Halt geben und Dir zeigen, dass Trauer viele Gesichter haben darf.

Viele Texte sind aus meiner Perspektive als Mama verfasst. Trotzdem hoffe ich, dass Du Dich auch angesprochen fühlst, wenn Du ein anderer Elternteil bist oder in einer ganz anderen Rolle den Verlust eines kleinen Wunders verkraften musst.

Ich wünsche Dir viel Kraft und alles Liebe.

alicia

Und manchmal ist da nichts als Liebe.

Regenbogen

Wenn wir ein Kind so früh verlieren, wird es Sternenkind genannt. Wenn wir dann noch einmal das Wunder „Baby" erfahren dürfen und ein Geschwisterchen zur Welt kommt, bezeichnen wir dieses Kind als Regenbogenbaby.

Aber sind hier nicht die Rollen vertauscht?

Das Kind, das ich verlor, möchte ich nicht als Leuchten in der Nacht in Erinnerung behalten. Sondern in den schönsten Farben, knallbunt und groß.

Am Ende jedes Regenbogens wartet ein Schatz auf uns. Ein Wunder, das wir nie finden dürfen und an das wir doch bei jedem Anblick denken.

Ein Regenbogen braucht Sonne und Regen, ein Strahlen und viele Tränen. Wie viele Tränen habe ich vergossen? Wie viel Liebe und Freude für Dich in meinem Herzen verankert? Beides trage ich in mir, die Liebe und den Schmerz.

Dadurch erstrahlst Du an jedem einzelnen Tag für mich in den schönsten Regenbogenfarben.

Sicher strahlst Du auch hell wie ein Stern, doch nicht nur nachts am Himmelszelt, sondern für immer, tief in mir.

Solltest Du irgendwann einmal ein Geschwisterchen bekommen, bin ich mir sicher, dass dieses Kind mir den Weg erhellen wird. Dass es mich leiten wird. Dass es mir ein Kompass sein wird, nach einer Zeit, in der ich meinen Weg manchmal verlor.

Ich bin mir sicher: Dieses Kind wird für uns strahlen. Hell und warm und glücklich und frei.

Dieses Kind wird unser schönster Stern sein.

Und Du, mein kleiner Regenbogen, wirst für immer ein Teil unseres kunterbunten Lebens sein.

Dein Name

Es war noch vor Deiner Zeit, da hatten wir
schon einen Namen für Dich
Und dann war da der heiß ersehnte zweite Strich

Beim Testen war Deine Schwester dabei
Es gab ein paar Tränen und einen leisen Freudenschrei

Leise nur deshalb, weil wir schon wussten,
Dass es schwer werden könnte und deshalb mussten

Wir warten und hoffen und stark sein
Für uns und für Dich, war die Hoffnung auch klein
Dass wir diesen Albtraum durchleben, durfte nicht sein

Doch trotz aller Tränen und Ängste und Wut
Gebrochenem Herzen, verlorenem Mut

Gab es keine Erlösung, kein Licht, keine Hoffnung
Nur unendliche Leere und Schmerz und Erschöpfung

Du warst so sehr gewünscht und erhofft und geliebt
Doch am Ende gab es nur eines, das blieb

Deinen Namen, den wir noch immer gern nennen
So als müssten wir uns noch nicht ganz von Dir trennen

Wir wissen nicht, ob Du ihn je getragen hättest
Ob Du als Junge oder Mädchen geboren wärest

Doch wir wissen, wir haben mit Liebe entschieden
Durch den Namen ist irgendwie ein bisschen geblieben

Von der Freude, der Liebe und auch von dem Wissen:
Wir werden Dich für immer unendlich vermissen

Immer

Nie auf unserem Arm

Nie an unserer Hand

Immer in unseren Herzen

Gedanken und Wünschen

Manchmal

Manchmal ist da fester Boden und ich denke eine Zeit lang, ich komme klar. Manchmal spüre ich, dass Gefühle in mir aufkommen, die ich innerlich schon abgehakt hatte. Manchmal wird mir der Boden unter den Füßen weggezogen und ich weine wieder stundenlang, bis meine Augen geschwollen sind und mein Herz ganz leer zu sein scheint. Manchmal fühle ich mich stark und bereit. Manchmal fühle ich mich nicht einmal wie ich selbst.

Stern

Dich ruft Dein Stern und Du musst gehen
Ich kann und will es nicht verstehen

Warum ist Dein Platz nicht hier
Auf der Erde, bei Papa und mir

Kannst Du nicht noch ein bisschen bleiben
Hab keine Kraft mehr so zu leiden

Loszulassen ist so schwer
Wir alle lieben Dich so sehr

Ich muss bleiben, Du musst gehen
Ich kann und will es nicht verstehen

Ich möchte so gern bei Dir sein
Du bist doch noch so winzig klein

Du fliegst schon vor und wartest dort
An diesem weit entfernten Ort

Dort werden wir uns wiedersehen
Und uns ganz fest in die Arme nehmen

Die Welt dreht sich

Die Zeit steht für mich still, während sich die Welt weiter dreht. Doch ich komme nicht mit und bleibe hier liegen. Ich kann hier nicht weg und ich kann mich nicht bewegen. Es ist alles verändert und ich kann es nicht fassen. Ich kann es nicht verstehen und ich will es nicht begreifen. Es ist alles zu schwer und alles zu viel.

Ich bin leer.

Ich bin auf.

Ich bin am Ende meiner Kräfte und meines Verstandes.

Die Zeit steht still und die Welt dreht sich weiter. Doch ich komme nicht mit und bleibe hier liegen.

Bedeutung

Nichts hat Bedeutung

Da ist eine Leere in mir

Die Tränen tropfen nicht, sie fließen

Die Augenlider ganz geschwollen

Es ist, als schmerze jede Zelle

Und jeder Winkel tief in mir

Mein Körper ist verkrampft

Kraftlos, schwach und dumpf

Meine Seele ist gebrochen

Erschüttert und so weit entfernt

Ich spüre Dich noch sehr

Ich spüre mich nicht mehr

Nichts hat mehr Bedeutung

Leben nach dem Tod

Noch nie war die Frage danach, was nach dem Tod mit uns passiert, so präsent in meinem Kopf. Sterben ist ein Tabuthema, über das die meisten Menschen weder sprechen noch nachdenken wollen.

Vielleicht ist der Gedanke an das helle Licht am Ende des Tunnels für viele Menschen so angsteinflößend, weil wir keine Beweise dafür haben, was nach diesem Leben mit uns passiert.

Für viele Sternenkinder gibt es ebenso wenig Beweise. Und doch waren sie da. Und doch werden sie noch immer unendlich geliebt. Brauchen wir einen Beweis für ein happy end, um daran glauben zu können?

„Sehen heißt nicht glauben, Glauben heißt sehen."

Ich möchte daran glauben, dass Sternenkinder-Reisen ins Glück führen. Ich möchte daran glauben, dass diese kleinen großen Wunder an einem anderen Ort strahlen dürfen.

Vielleicht sind sie das Licht am Ende des Tunnels. Und der Tunnel selbst, der Weg zu den Sternen.

Tränen

Meine Tränen schmecken salzig
Wie der Ozean, dessen Grund genauso tief reicht,
wie meine Trauer.

Meine Tränen schmecken bitter
Durch den Schmerz, die Angst und die Ohnmacht,
Die ein großer Teil von mir geworden sind.

Meine Tränen schmecken süß
Wenn ich an Dich denke und daran, wie viel Liebe
und Verbundenheit in meinem Herzen bleiben darf.

Wünsche für Dich

(und auch für mich)

Ich wünsche mir, dass Du auf Deiner Reise zu den Sternen nicht alleine bist. Dass vielleicht ein liebes Licht Deinen Weg erhellt. Dass Du von Deiner Uroma und Deinem Uropa abgeholt wirst oder Du Deinen Platz unter anderen Sternenkindern findest. Ich wünsche Dir so sehr, dass Du geliebt wirst, wo Du bist.

Ein kleines Stück von meinem Herzen wirst Du immer bei Dir tragen, wohin Du auch gehst. Und doch wünsche ich Dir Kraft und Zuversicht, Frieden und Liebe, Freundschaft und Verbundenheit an einem glücklichen Ort.

Ich wünsche mir, dass wir uns eines Tages wiedersehen. Und dass Du mir sagst, dass ein Teil von Dir immer bei uns war. Dass Du mir erzählst, wie schön Deine Reise war und wie glücklich Du bist.

Ich wünsche mir, dass Du noch bist und mich nicht so sehr vermisst wie ich Dich.

Mein kleiner Stern.

Hellster Stern

Man sagt, die Zeit heilt alle Wunden, aber dieses Mal ist es anders. In meinem Herzen ist ein Loch, das bleibt. Das Stück, das fehlt, wird Dich auf Deiner Reise begleiten und immer bei Dir sein. Du warst so sehr gewünscht und unsere Liebe ist unsterblich.

Für uns bleibst Du der hellste Stern am Himmel.

Immer wieder

Immer wieder dieser Wunsch

Immer wieder viele Träume

Immer wieder viele Ängste

Immer wieder nichts als Liebe

Immer wieder Freudentränen

Immer wieder dann der Fall

Immer wieder so viel Schmerz

Immer wieder steht die Welt still

Immer wieder bleibt uns nichts

Immer wieder Tränen trocknen

Immer wieder lernen zu atmen

Immer wieder nach vorne sehen

Immer wieder hoffen

Bis aus „immer wieder" ein „für immer" wird

Herzschlag

Da war ein Herzschlag

Und ein Foto

Es gab schon Tritte

Und ein Kribbeln

Mal ein Schluckauf

Mal ein Purzelbaum

In Deinem Zuhause

In meinem Bauch

Hab Dich gespürt

Hab Dich geliebt

Hab vorgelesen

Und gesungen

Hab Dich gestreichelt

Dein Zimmer gestrichen

Die erste Hose genäht

Hab mich belesen

Ich hab dekoriert

Dein Bett aufgebaut

Deinen ersten Teddy gekauft

Und dann

Dann war er weg

Dein Herzschlag

Der Boden unter meinen Füßen

Schmerz und Tränen

Trauer und Wut

Und doch

Sind all die Dinge, die ich nenne

Akte wahrer Liebe

Deshalb kann ich lächeln

In dieser kurzen Zeit

Habe ich Dir alles gegeben

Was ich nur konnte

Liebe

Wärme

Geborgenheit

Schutz

Behutsamkeit

Und Glück

Deine Zeit war viel zu kurz

Aber sie war vollkommen.

Mehr könnte ich mir nicht

Für Dich wünschen.

Liebe

Aus Liebe wuchs der Wunsch nach Dir.

Liebe hat Dich erst erschaffen.

Ich habe die Liebe tief im Bauch gespürt.

Liebe zu Dir hat mein Herz erfüllt.

Liebe hat Dich begleitet und behütet.

Unsere Liebe für Dich wird nie verblassen.

Liebe ist, was uns von Dir bleibt.

Und Liebe wird uns heilen lassen.

Okay

„Wie geht es Dir?"

„Okay", sage ich meistens und oft ist das wahr. Wie soll ich sonst beschreiben, dass es mir an vielen Tagen ganz gut, an manchen Tagen unbeschreiblich scheiße geht?

Wie kann ich in Worte fassen, wie es sich anfühlt, wenn mich in mancher Nacht ganz plötzlich der Schmerz überkommt? Heiß und erbarmungslos brennt er in meiner Brust. Am nächsten Morgen sind die Augen geschwollen, die Muskeln vom Weinen verkrampft, aber ich bin okay.

Denn ich habe mich Dir durch den Schmerz auch verbunden gefühlt. Er hat mir bewiesen: Du warst da.

In meinem Bauch. In meinem Herzen.

Ich bin okay, weil ich weiß, dass diese Nächte seltener und kürzer werden. Ich bin okay, weil ich mittlerweile an den meisten Tagen lächeln kann. Ich bin okay, weil ich akzeptieren kann, dass es kein Zurück gibt und der Schmerz nun ein Teil unseres Lebens ist und bleibt. Ich bin okay, weil ich weiß:

Egal wo Du bist, einen Teil meines Herzens trägst Du bei Dir und er wird Dir immer zeigen, dass Du unendlich geliebt wirst.

Engel

Wenn aus Kindern Engel werden
leiten sie uns hier auf Erden

Leuchten tief in unser Herz
Damit es Liebe spürt statt Schmerz

Tabu

Oft erfährt man erst, wenn man selbst diesen Albtraum durchlebt, wie viele Menschen um uns herum genauso leiden mussten, weil sie ihr Kind – oder sogar mehrere Kinder – verabschieden mussten.

Sind Fehlgeburten, Fehlschwangerschaften und stille Geburten ein Tabuthema? Oder ist es einfach zu schwer, über seine Trauer zu sprechen? Über eine Trauer, die so tief reicht, dass man sie vielleicht nur verstehen kann, wenn man sie selbst erleben musste?

Ich höre so oft: „Das passiert doch vielen", aber soll mich das trösten? Wir sind nicht allein. Ich bin nicht allein. Du bist nicht allein. Und doch sind wir es. Denn der einzige Mensch, der uns die Trauer nehmen könnte, wird niemals bei uns sein.

Nur weil es vielen Menschen passiert, ist es nicht weniger schlimm oder einschneidend. Und ich denke, jeder Elternteil der Welt erinnert sich mit Tränen in den Augen an den Schmerz und den Verlust, der uns im Inneren verändert und für immer ein Teil von uns bleibt. Ganz egal, wie oft es passiert und wie viel Zeit vergeht.

Dinge

Was passiert mit Deinen Dingen
Denn ich kanns nicht über mich bringen

Sie einfach in den Müll zu schmeißen
Denn das würde für mich heißen

Ich werfe Deine Sachen fort
Weil Du nicht hier bist, sondern dort
Du brauchst sie nicht am fernen Ort

Ich kann es mir immer wieder sagen
Der Test, das Bild, der Kinderwagen

Bleiben unerfüllte Träume
Auch wenn ich nichts davon verräume

Ein bisschen Zeit muss noch vergehen
Dann sollen die Sachen vielleicht gehen

Ganz sicher bin ich mir noch nicht
Denn vielleicht lächelt mein Gesicht

Ja eines Tages voller Glück
Liebend erinnernd, mit einem Blick zurück

Zu unserer kurzen Zeit mit Dir
Bis dahin bleibt jede Erinnerung hier

salzig

Unsere Tränen, so salzig wie das Meer,

werden Dich auf Deiner Reise

über die Wellen begleiten.

Wandel

Dunkelheit und Licht

Traurigkeit und das größte Glück

Verwirrung und Klarheit

Tränen und Lächeln

Doch allem voran: Unendliche Liebe

Kind

„Es war ja noch kein Kind"

Der Definition nach ist das richtig, das gebe ich gern zu. Auch wenn es mir weh tut, das auch nur zu denken.

Der Definition nach hätte sich aus meiner Schwangerschaft nie ein gesundes und glückliches Kind entwickeln können. Auch das ist mir klar, obwohl mir dieser Gedanke genauso weh tut.

Der Definition nach wäre ich also nie Mama dieses ungeborenen Kindes – ja, Kindes! – geworden.

In meiner Welt bin ich es aber trotzdem.

In meiner Welt war ich Mama, noch bevor ich den positiven Test in den Händen hielt. Weil ich in meiner Welt schon vorher wusste, dass ich mein Kind unter meinem Herzen trug. In meiner Welt wird nicht im Lehrbuch nachgeschlagen, wann der Definition nach ein Leben entsteht, wann man der Definition nach lieben und fühlen darf und ob es legitim ist zu trauern.

Denn meine Welt brach zusammen, als mir mein Kind entrissen wurde und damit auch meine Hoffnungen und Träume, meine instinktiven und intensiven Muttergefühle, meine Liebe und ein Teil von mir.

Meine Welt stand still, als ich nicht mehr schwanger war und ich mein Kind gehen lassen musste.

Und meine Welt dreht sich weiter, weil ich weiß, dass mein Kind immer einen Platz in meinem Herzen tragen wird.

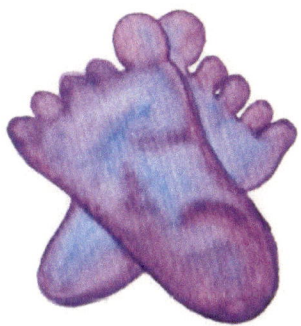

stille geburt

Mein Schreien, mein Flehen, mein Jubeln. All das war nicht still. Meine Gedanken, meine Tränen, meine Freude. All das war nicht still.

In dem Moment, in dem Du still geboren wurdest, strömte nichts als Glück durch meinen Körper.

Ich trug eine unbeschreibliche Angst vor diesem Moment und eine Traurigkeit in mir, die ich mit keinen Worten umschreiben könnte.

Und doch habe ich nie mehr Glück empfunden, als in dem Moment, in dem ich Dich im Arm hielt.

Ich durfte Dich halten, ich durfte Dich küssen. Ich durfte Dir ein Stück von mir auf Deinen Weg mitgeben.

Jeden Liebesschwur hast Du gehört, Du wurdest von oben bis unten gekuschelt und bestaunt. Du bist still geboren und hinterlässt ein lautes DANKE.

Dafür, dass wir eine kleine Zeit lang dein Herz schlagen hören haben. Dass wir eine kleine Ewigkeit lang an unser Glück glauben durften.

Du bleibst bei uns und wir bei Dir – weil kein Weg zu weit ist, keine Zeit zu lang und kein Schmerz groß genug, um uns als Familie zu trennen.

Narbe

Auf meinem Bauch ist eine Narbe,

sie erzählt: „Ja, Du warst da."

Und wenn ich sie ganz sanft berühre,

bist Du mir manchmal noch so nah.

Liebe ist stärker

Lächelnd denke ich an Dich. Daran, was wir hätten sein können. Daran, wie sehr ich mir wünschte, ich könnte Dich halten, beruhigen, trösten, schaukeln, stillen, begleiten, küssen, kuscheln, ganz nah bei mir haben.

Und dabei fällt mir manchmal auf, dass ich neben der Traurigkeit etwas viel Bedeutsameres empfinde: Liebe.

Meine Liebe für Dich ist unsterblich und sie wird uns beide bis in alle Ewigkeit begleiten.

Wie tröstlich ist es doch, dass die Liebe so viel stärker, als die Trauer ist?

so nah

Der hellste Stern am Himmel

und die erste Frühlingsblume.

Regenbogen, Eiskristalle

und ein warmer Wind.

So viel erinnert mich an Dich.

Du bist so fern und doch so nah.

Für meinen Mann

Körperliche Nähe fällt mir schwer.

Weil meinem Körper das Wichtigste entrissen wurde.

Ich will mich nicht ansehen, will meinen Bauch nicht berühren. Ich will nicht, dass Du es tust.

Ich kann Nähe auf diese Art nicht zulassen. Weil Nähe auf diese Art ein Baby geschaffen hat, das nie bei uns sein wird. Weil Nähe auf diese Art so viel wieder aufwirbelt. Weil Nähe auf diese Art bis vor kurzem mit Wünschen und Träumen verbunden war und jetzt – sind es Albträume, die mich nachts in mein Kissen weinen lassen. Die das Bedürfnis in mir wecken, meinen Körper einzuhüllen und zu verschließen.

Dieser Körper sollte ein Zuhause sein. Für das kleine Wunder, das ich nicht mehr spüren kann. Dieser Körper sollte vor Glückshormonen und Vorfreude strotzen. Dieser Körper ist leer.

Ich habe keine Tränen mehr übrig, keine Kraft in meinen Muskeln. Ich weiß, das ist nicht fair, weil Du genauso leidest. Weil Du genauso Liebe und auch Trost brauchst.

Vielleicht ist körperliche Nähe, was wir brauchen. Was uns hilft, zu heilen. Aber ich kann es nicht. Weil ich mich erst einmal selbst wieder in meinem Körper finden muss.

Mein Körper war ein Schutz und ein Zuhause für unser Baby und für mich. Jetzt fühlt es sich leer und falsch an, in diesem Körper zu stecken.

Ich hoffe, Du kannst das im Ansatz verstehen.

Und dass Du weißt, dass ich Dich liebe.

Lass uns dran glauben

Manche treibt der Verlust eng zusammen
Uns treibt er vielleicht auseinander

Manche spenden einander Trost
Unsere Trauer verläuft ganz verschieden

Bei uns herrscht oft Schweigen
und diese neue Distanz

Manche haben ein Ziel vor Augen
Wir versuchen noch eines zu finden

Manche gehen gemeinsam den Weg
Wir gehen ihn oft allein

Und doch will ich kämpfen
Ein Ziel für uns finden

Nichts ist mehr wie früher
Und ich wünsch' manches zurück

Freiheit und Lachen, Vertrauen ins Glück
Leichtigkeit, Freude und Mut

Doch allem voran die Gewissheit im Herzen
Dass wir den Sturm gemeinsam bezwingen

Ein großer Teil von uns fehlt
Und doch sind wir Zwei noch zusammen und hier

Manchen fällt es leicht das zu sehen
Uns fällt es meistens noch schwer

Lass uns dran glauben und auch uns selbst
Für unser Sternchen, für uns und die Zukunft

Lass uns dran glauben und auch aneinander
Sonst bringt uns der Sturm noch ins Wanken

Lass uns dran glauben und auch an die Liebe
Denn sie trägt und heilt uns und bleibt

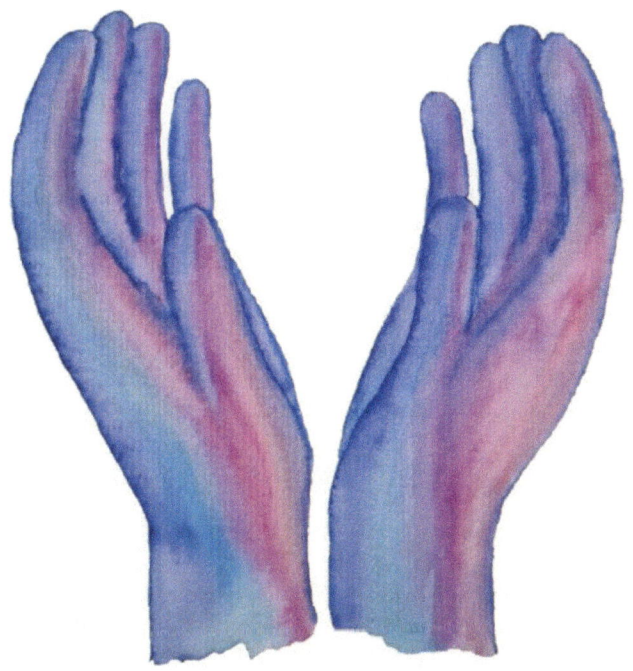

Schweres Herz

Manchmal weine ich noch sehr
Dann wird mein Herz wieder ganz schwer

Mein ganzer Körper tut nur weh
Weil ich einfach nicht versteh'

Warum ein so geliebtes Kind
Nicht hier ist, wo wir alle sind

Sondern weit weit weg von mir
Ich hätte Dich so gerne hier

Ich liebe Dich, das weißt Du doch?
Vermisse, wie Dein Herzchen pocht

Es ist nun schon `ne Weile her
Und doch vermisse ich Dich sehr

Ob der Schmerz für immer bleibt?
Ich glaub' das zeigt wohl nur die Zeit

Warten

Warten. Vor dem nächsten Versuch, ein Baby im Arm zu halten. Das war mein erster Impuls. Es ist Zeit vergangen. Und jetzt weiß ich: Ganz egal, wie viele Tage verstreichen, die Fragen bleiben in meinem Herzen: Wo bist Du, mein kleines Sternenkind? Hat Deine Seele meine Liebe spüren können? Hattest Du genug Zeit, um einen Teil meines Herzens mit auf Deine Reise zu nehmen? Vergessen werden wir Dich nie und niemals würden wir Dich in irgendeiner Form ersetzen. Aber ich frage mich, ob dieser intensive, erbarmungslose Schmerz mit einer weiteren Schwangerschaft verblasst, die hoffentlich im Glück endet? Bin ich wirklich, losgelöst von meiner Trauer, bereit für ein Kind, das Du nicht sein wirst? Werde ich einem Kind, das mich immer ein Stück weit an Deinen Verlust erinnern wird, so gerecht wie es das verdient und wie ich es mir wünsche? Werde ich je an einen Punkt kommen, an dem ich nicht mehr trauere? Werde ich je an einen Punkt kommen, an dem ich zweifellos bereit für ein Leben ohne Dich bin? Oder heißt es jetzt weiter machen, verdrängen, nach vorne schauen, weil das der einzige Weg ist, um eine glückliche Zukunft zu bauen?

Wolken

Wie schön Du es doch haben musst. Auf weichen Wolken gebettet. Von warmen Sonnenstrahlen gekitzelt. Umringt von bunten Regenbogen.

Ich glaube nicht an einen göttlichen Himmel. Aber ich will fest daran glauben, dass dort oben ein wunderschöner Platz für Dich ist. An dem Du glücklich bist und frei. An dem Du eine Kindheit voller Zauber und Liebe hast.

An dem Du auf uns wartest.

Herzbeben

Irgendwann, da seh ich Dich
Das ist ein großer Trost für mich

Ich glaub, bis dahin schaust Du zu
Der hellste Stern, ja das bist Du

Ich will, dass Du dort sehen kannst
Wie Papa lacht und Mama tanzt

Denn auch, wenn Du nicht bei uns bist
Ist das Leben nicht nur trist

Der Schmerz wird bleiben, Trauer auch
Doch Du warst LEBEN in meinem Bauch

Was stärker ist als Trauer und Wut
Ist unsere Liebe und das macht uns Mut

Wir sind Deine Eltern und Du unser Kind
Auch, wenn wir nicht mehr zusammen sind

Wir wünschen Dir Liebe und Glück und Herzbeben
Deshalb zeigen wir Dir dieses so schöne Leben

Von Deinem Stern aus siehst Du zu
Und gehörst immer ein bisschen dazu

Wir lassen Konfetti für Dich regnen
Bis wir Dir eines Tages begegnen

alt und jung

„Du bist doch noch so jung,
probier es doch einfach nochmal."

Ich bin jung genug, um vielleicht nochmal Mama zu werden. Ich bin jung genug, um noch viele Jahrzehnte zu vermissen. Ich bin jung genug, um von einem gemeinsamen Leben zu träumen. Ich bin jung genug, um mich zu erinnern, wie schön eine Kindheit sein kann – und wie sehr ich mir gewünscht hätte, eine so wertvolle Zeit zu begleiten. Ich bin jung. Und doch gealtert. Durch all die Trauer und solche Kommentare. Ich bin alt genug, um den Schmerz des Verlusts zu erkennen und schonungslos zu durchleben. Ich bin alt genug, um zu verstehen, dass man kein Kind durch ein anderes ersetzen kann.

Ich bin jung und alt zugleich.

Und doch verstehe ich noch immer nicht, wie um alles in der Welt mich mein Alter trösten soll.

Ich habe mein Kind verloren, mein Herz, meine Welt.

Wie viele „junge" Menschen gibt es, die trotz ihres Alters keine Kinder bekommen können? Die den Verlust aller Hoffnungen und Träume sogar mehrmals durchleben müssen?

Wie viele „alte" Menschen gibt es, die erst später als der Durchschnitt ein Kind zur Welt bringen?

Das Alter spielt doch keine Rolle, wenn wir uns verabschieden müssen.

Selbstliebe

Meine Beziehung zu meinem Körper?

Wir arbeiten daran.

Wie die meisten Menschen, vor allem Frauen, war ich nie zufrieden oder glücklich in meinem Körper. Ich war in meinen Augen immer zu groß, zu weich, zu dick, nicht zierlich genug und hatte viele „Makel".

Dann wurde ich zum ersten Mal schwanger und habe mich, obwohl ich immer Selbstzweifel wegen meines Gewichts hatte, niemals wohler in meinem Körper gefühlt.

Ich hatte einen wunderschönen Babybauch und mir machten die Kilos nichts aus. Nur die schlimmen Schwangerschaftssymptome machten mir zu schaffen. Ich litt an Hyperemesis Gravidarum, einer schweren Form der Schwangerschaftsübelkeit. Ich brauchte fast täglich Infusionen und verbrachte mehrere Stunden am Tag bei meinem Arzt, weil ich während der Corona-Pandemie alles daran setzte, nicht für mehrere Wochen ins Krankenhaus zu müssen.

Es gab Ausnahmen, doch an vielen Tagen konnte ich nicht einmal alleine aufstehen. Meine Mutter half mir beim Anziehen, mein Mann hielt mir die Haare, mir selbst fehlte die Kraft für so ziemlich alles. Im Schnitt übergab ich mich fünfzigmal am Tag.

Warum war mein Körper zu schwach, um schwanger zu sein wie alle anderen? Warum fühlte ich mich so dreckig, war ich denn nicht dafür „gemacht" Kinder zu bekommen? Warum spielte mein Körper so verrückt, anderen ging es doch auch gut?

Die Geburt meiner Tochter hat meine Zweifel an meinem Körper beseitigt. Medizinische Hilfe gab es kaum und ich habe mein erstes Kind mehr oder weniger alleine bekommen. Mein Körper hat das geschafft. Ich konnte auf mein Bauchgefühl vertrauen.

Ich hätte nach der Geburt Bäume ausreißen können und ich konnte schon unmittelbar nach den Strapazen der Geburt ganz alleine für meine Tochter auf der Intensivstation kämpfen. Auch das Stillen hat irgendwann geklappt und ich war eine kurze Zeit lang überzeugt: Mein Körper ist ein Wunderwerk.

Dann kamen der Alltag und die Zweifel zurück. Die Kilos blieben auf den Hüften und ich fühlte mich unwohl.

Auch noch, als ich zum zweiten Mal schwanger wurde.

Meine Schwangerschaft entpuppte sich als Eileiterschwangerschaft, die leider viel zu spät behandelt wurde.

Ich brauchte zwei Notoperationen, habe sehr viel Blut verloren und einen Eileiter. Ich wäre fast gestorben und habe es doch geschafft.

Was bleibt, ist kein „Mein Körper hat es überlebt", sondern „Warum schafft es mein Körper nicht, gesund schwanger zu sein? Warum konnte mein Körper mein Baby nicht behalten und beschützen, was ist verkehrt mit mir?"

Ich will nicht so hart mit meinem Körper sein und zeitgleich habe ich Angst davor, ihm zu vertrauen.

Nach dem, was mein Körper bislang in meinen Schwangerschaften „geleistet" hat, glaube ich kaum noch daran, dass ich eine gesunde Traumschwangerschaft erleben darf. Wie viel halte ich seelisch aus, weil mein Körper versagt?

So manche Mama ist stolz auf ihre Dehnungsstreifen, auf ihre Brust nach dem Stillen und auf ihre Lachfalten.

Ich sehe die Makel, die Schwächen, den Schmerz, die Unvollkommenheit, den Speck und die Narben.

Meine Beziehung zu meinem Körper? Wir arbeiten daran.

Tick Tack

Tick Tack

Die Zeiger an der Wand

Drehen sich unaufhaltsam

Doch mein Zeitgefühl verschwand

Die Uhrzeit ist nicht wichtig

Nichts hat einen Sinn

Denn ich fühle mich nur leer

Weiß nicht mehr, wer ich eigentlich bin

Du bist viel zu früh gegangen

Warst mein Kind, mein Wunsch, mein Traum

Alle Träume sind nun Scherben

Tränen füllen ihren Raum

Du hast so viel mitgenommen

Auf Deiner Reise zu den Sternen

Hoffnung, Licht und so viel Liebe

Es schmerzt, sich so weit zu entfernen

Dieser Schmerz hört nie auf

Denn es gibt keinen Cut

Es gibt kein Ende der Trauer

Weil mein Herz nicht aufgehört hat

Dich zu lieben, zu vermissen

Und das wird auch so bleiben

Nichts und niemand könnte

Meine Liebe vertreiben

Und doch ist mein Herz mir nicht mehr vertraut

Es schlägt noch, doch nun in `nem anderen Takt

Ich kenne den Beat nicht, muss mich dran gewöhnen

Alles fühlt sich so neu an, so vage, abstrakt

Es liegt vielleicht an dem riesigen Loch

Das nun zu meinem Herzen gehört

Es ist nicht zu heilen und nicht zu nähen

Denn mein Herz wurde durch Deinen Tod zerstört

Es schlägt noch, doch leiser

Und es tut auch noch weh

Denn bei jedem Schlag wünscht` ich

Dass ich Dich halte und seh`

Das Loch in mir erinnert an Leere

Doch auch an die Liebe in mir

Denn Du nahmst den Teil, der nun fort ist,

Mit auf die Reise und trägst ihn bei Dir

So bin ich Dir nah und kann Dich begleiten

Auch wenn ich nicht bei Dir sein kann

So hab ich Gewissheit: Du wirst geliebt

Bis wir uns wiedersehen, irgendwann

Schutzengel

Ich möchte daran glauben, dass es jemanden da oben gibt, der über uns wacht. Für mich ganz persönlich ist das kein Gott. Sondern etwas ganz Familiäres.

Schutzengel waren in meiner Vorstellung lange Zeit die Omas und Opas, Urgroßeltern und all jene Menschen, die wir verloren haben. Menschen, die uns auch nach ihrem Tod noch lieben und beschützen.

Es waren in meiner Vorstellung die Menschen, die von uns gingen, nachdem sie ein langes Leben gelebt hatten. Vielleicht, weil ich das große Glück hatte, lange Zeit niemanden zu verlieren, der „zu früh" gehen musste.

Als meine Schwangerschaft abgebrochen wurde und ich nicht nur mein Kind, sondern auch fast mein eigenes Leben und die Hoffnung verlor, schrie die Frage nach dem „Warum?" so laut in meinem Kopf, dass ich kaum einen anderen Gedanken fassen konnte.

Warum musste uns das passieren? Warum konnte ich als Mutter, die doch für die Sicherheit und das Glück meines Kindes sorgen will und muss, nicht ermöglichen, dass es leben darf? Warum war ich so allein mit meinem Schmerz und wo zum Henker war der Schutzengel, der uns vielleicht hätte schützen können?

Vielleicht ist es albern, an Schutzengel zu glauben.

Vielleicht ist es der leichte Weg, einen von ihnen zu beschuldigen, nicht da gewesen zu sein. Um einen Grund zu finden, weshalb all das geschah.

Aber vielleicht war ja doch jemand da.

Vielleicht wäre es noch schlimmer ausgehen können. Vielleicht muss ich mich von der Vorstellung lösen, dass nur Großeltern das Zeug dazu haben, Schutzengel zu sein. Vielleicht können all die lieben Seelen etwas Hilfe gebrauchen und empfangen mein Sternchen mit genau der Liebe, die ich mir so sehr für mein Baby wünsche. Vielleicht ist unser Sternchen umringt von Familie und darf nun über uns wachen. Uns beschützen. Und die Rollen tauschen.

Denn bislang habe ich die Rolle des „Beschützers" immer bei uns Eltern gesehen. Doch wenn ich so darüber nachdenke, ist das absolut nicht wahr. Als Mama eines Erdenkindes erlebe ich es doch an jedem einzelnen Tag. Ich kann noch so müde und ausgelaugt und fertig sein. Mein Kind gibt mir die Kraft und die Liebe, die ich brauche, um weiterzumachen. Ich kann schlecht gelaunt oder traurig sein und mein Kind zeigt mir einen Regenbogen und die kleinen Wunder unserer Welt, nimmt mich in den Arm oder bringt mir ein Pflaster, damit ich nicht mehr weine.

Mir ist bewusst, dass ich das größte Glück der Welt habe, weil ich Mama eines Erdenkindes sein darf. Weil ich diese Liebe und diesen Schutz erleben darf. Weil beides so offensichtlich und so spürbar ist.

Doch je länger ich darüber nachdenke und tief in mich reinfühle, umso spürbarer ist auch beides für mich, wenn ich an mein verlorenes Kind denke. Es musste gehen und ich durfte bleiben. Zu leben ist ein Geschenk, auch wenn es noch immer schwer ist, es anzunehmen. Zu erinnern ist ein Geschenk, auch wenn die Trauer so tief sitzt.

Wunder geschehen an jedem einzelnen Tag. Manchmal ist es ein Sonnenstrahl, der unerwartet durch die Wolken bricht. Manchmal ist es ein glücklicher Zufall, der so viel verändert. Und manchmal ist es ein Gedanke voller Liebe und Hoffnung. Dass es meinem Stern gut geht, wo immer er ist. Und vielleicht ist das größte Wunder für mich, dass ich mit einer inneren Ruhe und Gewissheit daran glaube, dass unser Stern für uns scheint und als Schutzengel auf uns aufpasst. Damit wir nie mehr solchen Schmerz erleiden müssen. Damit unser Leben mehr Glück als Traurigkeit in sich trägt. Damit noch viele kleine und große Wunder in unserem Leben geschehen dürfen.

Flügel

Bevor wir Dir die Wurzeln

in Deinem Leben sein konnten,

mussten wir Dir Flügel schenken.

Ort

Ich habe keinen Ort zum Trauern. Früher habe ich den Sinn in einem solchen Ort nicht gesehen. Ich war überzeugt davon, dass der verstorbene Mensch viel eher in unseren Erinnerungen steckt als auf dem Friedhof. Denn ich war überzeugt davon, dass nach unserem Tod nur der Körper Ruhe im Grab findet und die Seele weiterzieht.

Jemanden zu verabschieden, der in meiner Erinnerung nicht weiterleben kann – weil es keine Erinnerungen gibt – ändert meine Sicht auf vieles. Ich glaube immer noch, dass keine Seele in einem Grab festgehalten wird. Aber ich kann nun verstehen, warum Menschen einen Ort zum Trauern suchen und brauchen.

Vielleicht läge nur der Körper meines Kindes im Grab und seine Seele wacht am Himmelszelt als heller Stern über uns. Aber hätte es ein Grab gegeben, hätte ich eine Anlaufstelle. Einen Platz für meine Tränen. Die Möglichkeit, aktiv und mit meinen eigenen Händen etwas Schönes für mein Kind zu tun. Jeden Tag Blumen zu pflücken, ein Lied zu singen und auch zu trauern.

Mein Baby war noch viel zu klein, um still geboren zu werden. Es wurde mir auf anderem Wege entrissen.

Es gibt kein Grab. Keine Ruhestätte. Es gab keine Zeremonie und keinen Ort des Trauerns oder des Trostes.

Ich habe eine Wand voller Erinnerungen in unserem Zuhause geschaffen.

Mit dem ersten Kirschkern vom Taufbaum unserer großen Tochter. Mit einem vierblättrigen Kleeblatt, das ich vor Jahren, lange vor den Schwangerschaften, vor unserer ersten gemeinsamen Wohnung mit meinem Mann fand. Mit vielen kleinen Besonderheiten, die unser Leben prägen und die uns ausmachen.

An dieser Wand hat auch unser Sternenkind seinen Platz gefunden. Ein Text aus diesem Buch stammt aus meiner Verzweiflung, einen Ort für mein verlorenes Kind und meinen Schmerz zu schaffen. Ich habe einen Stern über den Text gemalt. In warmen Farben. Ich habe den Stern mit beiden Händen lange berührt und ihn geküsst. Weil ich MEINEN Stern niemals küssen durfte und ihm doch so gerne meine Liebe mitgeben wollte.

Mein Herz ist leichter, weil ich weiß: Unser Stern bleibt unvergessen, am wichtigsten Ort der Welt, unserem Zuhause. Hier darf unser Kind einen Platz haben, an dem wir erinnern, weinen und lachen.

In jedem Element

Wir sprechen seltener von Dir
Vom Verlust und den Wunden in mir

Die Traurigkeit ist da und bleibt
Doch es wird leichter mit der Zeit

Ich weine noch, doch nun nur noch selten
Es ist, als lebte ich in zwei Welten

In der einen, da tut es noch immer so weh
Die Sehnsucht danach, dass ich Dich seh'

In der anderen ruhe ich sehr in mir
Weil ich fest daran glaube: Du bleibst ein Teil von mir

Ich bin schon viel öfter in der zweiten Welt
Weil es mir hier so viel besser gefällt

Ich hab` jetzt die Kraft ganz fest zu glauben
Und kann mir sogar das Träumen erlauben

Von Dir und von uns und vom „Was wäre wenn?"
Doch es tut nicht nur weh, weil ich endlich erkenn:

Obwohl Du weit weg bist, bist Du immer noch hier
Wir sind nicht nur Drei, wir sind irgendwie Vier

Deine Schwester berührt noch oft meine Narben
Und ich denke noch oft an Deinen so schönen Namen

Für Papa strahlst Du als hellster Stern
Diesen Gedanken teilt er so gern

Wir alle denken sehr oft an Dich
Doch mit weniger Tränen und `nem Lächeln im Gesicht

Ein Teil von Dir bleibt ganz sicher hier
In der Erde, bei jedem Schritt nah bei mir

Doch die Erde ist nur ein Element
Es gibt noch das Feuer, das in uns für Dich brennt

Niemals werden wir Dich vergessen
Doch wissen wir heut` unser Glück zu schätzen

Die Zeit war zu kurz, ganz ohne Frage
Und doch schenktest Du unserem Leben viel Farbe

Die Freude über den Schwangerschaftstest
Die Hoffnung, dass Du uns nicht verlässt

Den Kampf um Dein Leben
Die Tränen, Herzbeben

Den Schmerz, der uns in den Abgrund zog
Die Trauer, die Zentner um Zentner wog

All die Gefühle, so schwer sie auch waren
Werden in uns Dein Andenken wahren

Die Angst und die Trauer wogen zu schwer
Doch zeigen sie nur unsere Liebe zu Dir

Bedingungslos und ohne Limit
Bis zum Ende der Welt, bis alles entglitt

Unsere Liebe für Dich wird ewig bestehen
Ganz egal wohin wir auch gehen

In der Erde, im Feuer und auch im Wind
Erkennen wir, dass wir ein Stück weit bei Dir sind

Denn der Wind wird uns oft um die Nase wehen
Und gibt uns damit zu verstehen

Du bist noch da in jedem Element
In jedem Wunder der Welt, nicht nur am Firmament

Auch das Wasser trägt Deine Seele in sich
Durch sanfte Wellen erinnert es mich

An unsere kurze Zeit voller Liebe
Es wäre so schön, wenn mehr davon bliebe

Doch statt Tränen und Trauer spür` ich noch mehr
Dank und die Liebe tragen mich sehr

Ich bin heute stärker und ich bin sehr gewachsen
An meinem Schmerz wurde ich ein Stück weit erwachsen

Hab` erfahren, das Leben ist nicht immer leicht
Voller Ängste und Kämpfe, auch unfair vielleicht

Und doch birgt es auch Wunder und eines bist Du
Mit dieser Gewissheit komm` ich zur Ruh

Mut

Du hast mir gezeigt wie stark ich bin
Du gibst mir einen Lebenssinn

Ich fühl` mich wieder gut
Hab wieder neuen Mut

Ich freue mich auf morgen
und vergesse unsere Sorgen

Bis an mein Lebensende werde ich
Dich vermissen, das verspreche ich

Genau deshalb wird es Zeiten geben
Voller Spaß und Glück in meinem Leben

Denn Dein Verlust hat mir gezeigt:
Ja, ich bin dazu bereit

Mama zu sein und Mama zu werden
Glücklich zu sein, hier unten auf Erden

Meine Trauer bringt Dich nicht zurück
Und ein ganzes Leben voller Glück

Hättest Du uns ganz sicher gewünscht
Mein über alles geliebtes Sternenkind

Abschiedszeremonie

Heute war der Tag, an dem wir Dich verabschiedet haben. Ich hatte solche Angst vor diesem Tag, kein Baldrian der Welt hätte meine Emotionen in Schach halten können.

Es ist so endgültig. So entschieden. So unumkehrbar.

Und doch war dieser Tag so befreiend.

Weil Du nun einen Platz hast, an dem Du ruhen darfst. Weil wir einen Platz haben, an dem wir Dir immer nah sein können. Weil die Zeremonie nicht nur traurig, sondern ein Stück weit tröstlich war und vielleicht so, wie sie Dir gefallen hätte.

Es wurde Musik gespielt und eine liebevolle Rede auf Dich gehalten. Die ganze Familie war da und all unsere Freunde. Alle kamen in den schönsten Farben. Denn was wir in Erinnerung behalten wollen, sind das Glück, die Farbenpracht und die unendliche Liebe, die wir alle so tief in uns für Dich empfinden.

Dein Kuschelhase ist bei Dir und wir haben Deine Spieluhr aufgezogen, bevor wir sie zu Dir gelegt haben. Sie soll Dir ein Schlaflied singen und Dir Schutz schenken.

Wir haben Dich auf weichen Blütenblättern gebettet und viele viele Kerzen für Dich angezündet. Das Licht soll Dich auf Deiner Reise leiten und Dich daran erinnern, dass Dich unsere Liebe begleitet.

Wir vermissen Dich so sehr und während ich diese Zeilen schreibe, füllen sich meine Augen mit heißen Tränen.

Wir lieben Dich. Für immer.

Veränderung

Meine Traurigkeit ist nun an den meisten Tagen kein Schmerz, sondern vielmehr ein Teil von mir. Dieser Teil tut mir oft weh und er ist sehr präsent. Aber ich zerbreche nicht mehr daran. Meine Traurigkeit hat mich verändert und ich nehme diese Veränderung an. Denn diese Traurigkeit hat mich wachsen und stärker werden lassen, als ich es inmitten der schwersten Zeit nicht für möglich gehalten hätte.

Ich denke noch immer jeden Tag an unser Schicksal, unseren Verlust und mein Kind zurück. Doch an jedem Tag, der vergeht, spüre ich, dass die Distanz zwischen mir und dem Schmerz größer wird. Dass ich wieder zu mir selbst finde, während ich begreife, dass das nicht bedeuten muss, mein Kind loszulassen oder mich von ihm zu entfernen.

Ich kann nun akzeptieren, dass wir viel verloren haben, aber unsere Liebe, unsere Hoffnung und auch unsere Verbundenheit bleiben dürfen. Ich spüre eine Stabilität, die ich viele Monate lang verloren glaubte. Ich spüre eine Standhaftigkeit, die ich lange nicht fühlen konnte und wollte. Ich bemerke, dass ich öfter laut lache und meine

Sorgen vergesse. Ich fühle, dass das Glück zurückkommt und dass es genau so sein soll.

Und dann wird mir an manchen Tagen doch wieder der Boden unter den Füßen genommen.

„Ich weiß gar nicht, wie ich es Dir sagen soll, aber ich bin schwanger!", sagt sie und hat diesen erwartungsvollen Blick in den Augen.

„Herzlichen Glückwunsch, ich freue mich für Euch", murmele ich und möchte es so meinen. So schnell es nur geht, entfliehe ich der Situation, versuche auf zitternden Beinen bis zum Badezimmer zu kommen, bevor ich zusammenbreche. Manchmal nur für ein paar Minuten. Manchmal für mehrere Tage.

Noch schwerer fällt es mir, wenn eine gesunde Frau in einer gesunden Schwangerschaft, mit einem gesunden Kind im Bauch mit mir darüber spricht, wie hart doch alles sei. Und ich hasse es selbst, dass es mir so schwerfällt und ich nur denken kann: „Halt. Die. Klappe."

Ich hasse es selbst, dass ich jede Schwangerschaft mit meinen eigenen Schwangerschaften vergleiche. Ich hasse es selbst, dass ich es nicht schaffe, mich zurückzunehmen und mich voll und ganz auf eine andere Lebenssituation einstellen kann. Dass ich als Freundin versage, wenn es darum geht, an einem so wunderbaren Lebensabschnitt

Anteil zu nehmen. Und dass ich meinen Schmerz in diesen Momenten wieder so intensiv spüre. Dass ich nicht loslassen kann. Und mich dadurch so sehr infrage stelle. Wie lange ist es legitim zu trauern? Bin ich egozentrisch, egoistisch, depressiv, hochdramatisch, zu sensibel, eine Last?

Obwohl ich dieses Denken hasse, kann ich doch nichts gegen die Gefühle unternehmen, die mich in manchen Situationen so heiß und plötzlich überrollen, wie unser Verlust es selbst getan hat. Vieles kommt hoch und lässt mich verbittert reagieren. Vieles kommt hoch und lässt mich mit den Tränen kämpfen. Vieles kommt hoch und lässt mich wissen: Ich bin noch lange nicht okay, auch wenn ich es mir wünsche, ja manchmal sogar schon spüren kann.

Dass ich noch immer kämpfe, ist in der Außenwelt kein Thema mehr. Dass ich noch immer trauere, können nur noch wenige verstehen. Vielleicht hält nicht jede Freundschaft meine Trauer aus und vielleicht hält nicht jede Beziehung meiner Veränderung stand.

Doch ich halte auch vieles nicht mehr aus und muss doch weitermachen.

Vielleicht verliere ich ein paar Menschen auf meinem Weg durch diese Trauer. Und vielleicht ist das in Ordnung. Denn am Ende geht es doch nicht darum, mit so vielen Menschen wie möglich den Weg zu finden, sondern am Ende des Weges mich selbst wiederzufinden.

Damit ich eines Tages ohne Herzschmerz, ohne Tränen in den Augen, aus voller Überzeugung sagen kann: „Erzähl mir mehr von Eurem Wunder, erzähl mir alles, ich bin da."

Unbeschwert

Ein unbeschwertes Lachen, ausgelassen spielen, das Leben genießen und Glück empfinden.

Vergesse ich Dich Stück für Stück Oder kommt nur mein Lebensmut zurück?

Ich will Dich behalten und erinnern, will eine Verbindung zu Dir spüren. Und doch merke ich, wie Stück für Stück die Traurigkeit weicht und die Gewissheit Einzug nimmt: So ganz werden wir uns nie verlieren. Es ist an der Zeit, loszulassen, zuzulassen, wieder mehr als nur Schmerz zu empfinden. Ist meine Trauer schon vorüber? Wohl kaum, denn ich werde Dich bis an mein Lebensende vermissen. Aber ich spüre, dass ich trotz des Schmerzes auch Glück empfinden kann. Dass ich trotz der Trauer auch in eine positive Zukunft sehen kann.

Die Trauer ist so wandelbar
Und so ganz langsam wird mir klar...

… dass genau das ein Geschenk ist. Denn genau dadurch kann ich weiter leben.

Meistens unbeschwert und frei
Und Du bist bei jedem Schritt
ein bisschen mit dabei.

Reise zu den Sternen

Vielleicht hilft es Dir, genau wie mir, Deine Gefühle in Worte zu fassen. Auf den folgenden Seiten hast Du Platz für Deine eigenen Gedanken, für Deinen Schmerz und Deine Liebe. Ich wünsche Dir auf dem Weg durch die Trauer so viel Kraft wie nur möglich.

über mich als autorin

Ich heiße Alicia Ahrens, bin im März 1992 geboren und ich lebe gemeinsam mit meinem Mann und unserer Tochter in Quickborn in Schleswig-Holstein, wo ich schon immer gewohnt habe und mich doch oft das Fernweh packt.

Als freie Rednerin für Lebensfeiern sind einschneidende Ereignisse mein beruflicher Alltag. Neben den glücklichsten Zeremonien, Hochzeiten und freien Taufen, begleite ich mit Herz und Leidenschaft Abschiedszeremonien.

Der Tod und die Trauer sind mir dadurch sehr nah, denn ich verfasse keine Standardreden, die auf jeden Menschen zutreffen. Jede einzelne Rede steckt voller liebevoller Anekdoten und ehrlicher Worte. Jede einzelne Zeremonie gestalte ich persönlich, individuell und – das hoffe ich jedenfalls – genau so, wie es sich der verstorbene Mensch selbst gewünscht hätte. Weil bei einem Abschied so viel mehr bleibt als Tränen und Trauer. Allem voran bleiben Liebe, die wertvollsten Erinnerungen und ein fester Platz im Herzen aller, die um uns trauern, wenn wir gehen.

Abschiedsreden zu schreiben und Menschen in Ihrer Trauer zu begleiten, einen Anker zu setzen, Halt und so manches Mal sogar ein Schmunzeln zu schenken, schenkt mir eine berufliche Erfüllung, die ich nur schwer in Worte fassen kann. Und doch war ich in keinster Weise auf den Schmerz vorbereitet, der mich und unsere Familie traf, als wir unser Kind verloren.

Abschied zu nehmen, ohne Erinnerungen im Herzen. Den Tod zu betrauern, noch bevor es ein Leben gab, hat meine Welt still stehen lassen. Das Schreiben dieses Buches gab mir einen kleinen Halt, als ich nicht wusste, wohin mit meinen Emotionen. Als ich nicht erkennen konnte, was ich eigentlich fühlte. Traurigkeit. Wut. Erschöpfung. Verzweiflung. Schmerz in jeder Zelle meines Körpers. Leere. Überforderung. Fassungslosigkeit. Angst. Liebe. Hoffnungslosigkeit. Einsamkeit. Manchmal kam alles zusammen, manchmal fühlte ich nichts und war wie betäubt. Niemand konnte mir Worte schenken, die mich stützten, auch wenn ich das große Glück hatte, von Familie und Freunden aufgefangen zu werden.

Ein Buch zu schreiben war nicht meine Absicht, als ich meine Gedanken und Gefühle durch die ersten Texte zum Ausdruck brachte. Doch je mehr ich schrieb, umso größer wurde der Wunsch in mir, aus meinem Schmerz etwas zu schaffen, das anderen Betroffenen hilft.

Vielleicht kann ich unserem Sternenkind – und auch Eurem – mit diesem Buch ein Denkmal setzen. Vielleicht kann ich Euch auf Eurem Weg durch diese dunkle Zeit ein Stück weit begleiten und Euch ein Licht schenken, das ich mir selbst oft gewünscht habe.

Und vielleicht ist dieses Buch erst der Anfang für mich als Autorin. Denn ich darf durch meine Arbeit als Rednerin Lebens- und Liebesgeschichten hören, die mir selbst viel Stärke und Zuversicht schenken. Das wünsche ich mir auch für Euch.

Denn trotz meiner Traurigkeit, die ein fester Teil von mir bleibt, bin ich mittlerweile wieder an jedem Tag glücklich. Über unsere Familie und unsere Kinder – eines bei uns und eines bei den Sternen. Über unser schönes Haus in unserer kleinen Stadt, in der mein Mann und ich schon seit unserer Kindheit verwurzelt sind. Über meinen Beruf, der vielmehr Berufung für mich ist. Über das Geschenk des Lebens. Und über die vielen Wunder und Freuden, die unseren Alltag ausmachen. Durch Pfützen springen und ganz hoch schaukeln. Zeit nehmen, um kreativ zu sein. Malen, plotten, nähen, sublimieren, hier finde ich meine Ruhe und zu mir selbst. Backen und kochen, auch wenn es nicht immer gelingt. Zeit mit der Familie und feiern mit Freunden. Ich genieße das Leben und ich wünsche Euch von Herzen, dass Ihr es auch bald wieder könnt.